「核兵器のない世界」をどう実現するか
――「核兵器禁止条約の国連会議」に参加して

志位　和夫

目　次

表紙の写真（上）＝「核兵器禁止条約の国連会議」で演説する志位委員長
（下）＝「国連会議」が開かれたニューヨークの国連本部ビル

JN252842

２０１７年４月７日に日本共産党本部で開かれた「『核兵器禁止条約の国連会議』報告会」での志位和夫委員長の報告は次の通りです。

「核兵器禁止条約の国連会議」に参加して

志位委員長の報告

参加されたみなさん、こんばんは（**「こんばんは」の声**）。インターネット中継をご覧の全国のみなさんにも、心からのあいさつをおくります。

報告する志位和夫委員長＝2017年４月７日、日本共産党本部

（志位氏は、報告に入る前に、４月７日、「米国トランプ政権によるシリア攻撃について」と題する談話を発表したとのべ、その内容を紹介しました）

３月27日～31日にニューヨークの国連本部で開催された「核兵器全面廃絶につながる、核兵器を禁止する法的拘束力のある協定について交渉する国連会議（第１会期）」に、日本共産党は、私を団長とする代表団を派遣しました。

日本共産党代表団は、「国連会議」に、「核軍縮・不拡散議員連盟（ＰＮＮＤ）」*の一員として公式に参加し、「要請文」の提出、「文書発言」、演説を行うとともに、「国連会議」主催者、参加した各国政府・ＮＧＯなどと個別に懇談・要請の活動を行いました。

　わが党の活動は、日本政府が「国連会議」への不参加を決めるもとで、日本原水爆被害者団体協議会（日本被団協）、原水爆禁止日本協議会（日本原水協）などの活動とともに、被爆国日本の国民の声を国連に届ける意義をもつものとなりました。また、わが党の行った要請の内容は、「国連会議」の目的とかみあい、多くの参加国の思いと響きあうものとなり、会議の成功にむけた貢献となったと考えるものです。

　私たちは、会議に先立って3月22日には米国に入り、4月1日に帰国するという長丁場の出張となりましたが、この会議で私たちはたくさんの感動を体験しました。その感動を、私たちだけのものにするのはあまりにもったいないので、日本でたたかう仲間のみなさんにぜひ伝えたい。そう考えて報告会を行うことにいたしました。

　日本共産党代表団の活動は、すべての団員の一体となった奮闘によって支えられたものですが、私が、代表して活動の報告をしたいと思います。

＊核軍縮・不拡散議員連盟（ＰＮＮＤ）「国会議員が国内および国際的に資料と情報を共有し、協力的な戦略を発展させ、核不拡散・軍縮のための問題、活動にかかわってゆくための超党派フォーラム」として２００１年に作られた国際的な国会議員のネットワーク。２０１７年４月現在、１０３カ国、８７７人の議員が参加、うちＰＮＮＤ・日本には衆参58人の議員が参加しています。

一、「国連会議」の画期的、歴史的意義について

　まず、この「国連会議」の全体的な特徴について報告します。

　「国連会議」の参加国は１１５カ国を超えました。地域機構や準地域機構――アフリカ連合（ＡＵ）、アラブ諸国、中南米カリブ海諸国共同体（ＣＥＬＡＣ）、東南アジア諸国連合（ＡＳＥＡＮ）などが参加し、地域からのステートメント（演説）を行いました。広島の被爆者、世界の核実験被害者の証言が行われ、市民社会――ＮＧＯ、国会議員、研究者などが会議成功のために積極的役割を果たしました。

　今回の「国連会議」は、戦後の国際政治のうえでも、文字通りの画期的、歴史的意義をもつものとなっています。

歴史初の核兵器禁止条約締結にむけた多国間国際交渉の開始

　第一は、戦後の歴史で初めて、核兵器禁止条約締結に向けた

「核兵器禁止条約の国連会議」報告会で志位和夫委員長の話を聞く人たち＝2017年4月7日、日本共産党本部

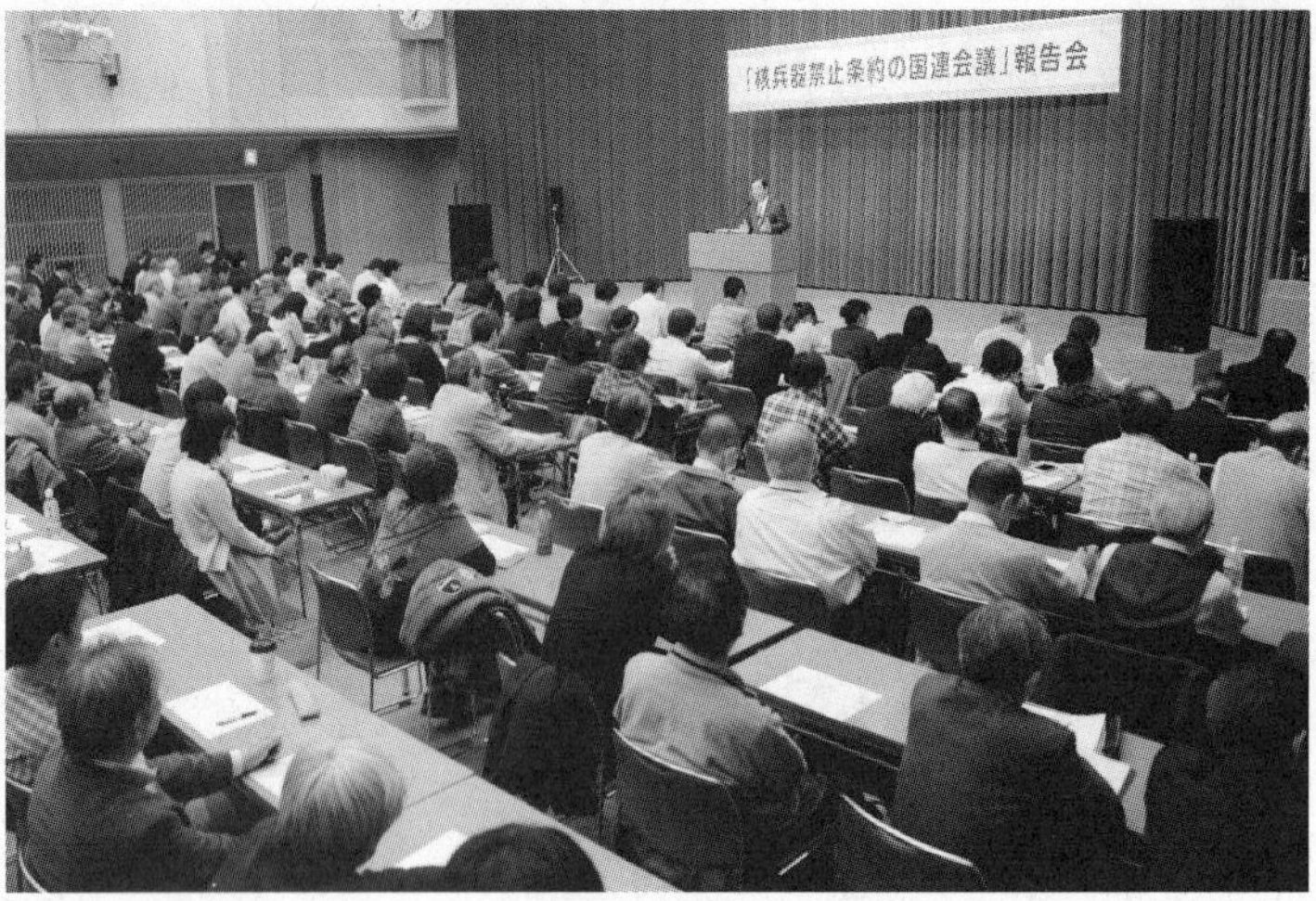

多国間の国際交渉が開始されたということです。日本共産党は、国内外の反核平和運動と協力して、この間、一貫して、「核兵器禁止条約の国際交渉の開始を」と求め続けてきました。それがついに現実のものとなったのがこの「国連会議」にほかなりません。

「国連会議」では、核兵器を禁止する法的拘束力のある文書について、「原則と前文」、「中核となる禁止事項」、「制度的取り決め」などについて、「生産的、建設的、効果的な形で話し合い」（エレン・ホワイト議長）が行われました。会議の参加者による討論は、きわめて真剣で、集中した、熱のこもったものとなりました。最終日は、第1会期の閉会をつげるホワイト議長に対し、拍手が鳴りやみませんでした。私も参加して、歴史的な条約がつくられていくプロセスを目のあたりにして、強い感動をおぼえました。

この「国連会議」を生み出したものは何だったか。「国連会議」のエレン・ホワイト議長は、私たちとの会談で、「二つの要素が重なった」と説明しました。

一つは、「核兵器の非人道性に対する理解が、国際社会の共通認識になった」ことです。広島・長崎の被爆者の一貫した告発、核兵器の非人道性を追及するノルウェー、メキシコ、オーストリアで開かれた3回の国際会議などを通じて、「意図的であれ偶発的であれ核爆発が起これば、被害は国境を越えて広がり」、「どの国、どの国際機関も救援の術《すべ》を持たない」、人道的災厄をもたらすことが共通認識となりました。

いま一つは、「国連を含む多国間会議の場における核軍縮議論のこう着状態への不満の高まり」であります。国際社会は、2000年のNPT（核不拡散条約）再検討会議で、「自国核兵器の完全廃絶を達成するというすべての核保有国の明確な約束」を確認しています。2010年のNPT再検討会議では、「核兵器のない世界を達成し維持するために必要な枠組みを確立するための特別な取り組みを行う」ことを合意しています。これらは核保有大国も含めた全会一致の合意でした。ところが、その後、核保有大国は、自ら行ったこれらの誓約に背いて、核兵器廃絶を永久に先送りし、自国の核軍備を近代化・強化する態度をとっています。

核兵器の非人道性が国際社会の共通認識になった、にもかかわらず一握りの核保有大国が核兵器廃絶に背を向けている——

ならば、ここは国連と市民社会が、核兵器禁止条約にむけて一歩踏み出そうではないか。こうした「二つの要素が重なって」、この「国連会議」を生み出したのであります。

私は、これにくわえて、核兵器の全面禁止・廃絶を求める国際署名に、この10年あまりで、世界でのべ5000万人以上が賛同を寄せた。これらの草の根からの世論と運動こそ、この画期的な「国連会議」を生み出した根本の力だということを強調したいと思います。

発言する被爆者のサーロー節子さん＝2017年３月28日、ニューヨーク（加來恵子撮影）

被爆体験を語る被団協事務局次長の藤森俊希さん＝2017年３月27日、ニューヨーク（加來恵子撮影）

各国政府と市民社会によって構成された会議――被爆者の声が世界を動かした

第二に、「国連会議」は、各国政府と市民社会によって構成された会議となりました。政府だけでなく市民社会の役割を重視することは、国連の良い伝統になっていますが、国連の核軍縮交渉の会議が、各国政府とともに市民社会によって構成されたのは初めてのことであり、その点でもこの会議は画期的なものとなりました。

会議では、１日15分間ですが、市民社会代表の演説の枠が設けられ、各国政府代表は真剣に耳を傾けました。とりわけ被爆者、世界の核実験被害者の証言は、会議参加者に多大な感銘を与え、会議の道徳的・倫理的な方向性を示すものとなりました。

生後1年4カ月の幼児の時期に広島で被爆した藤森俊希被団協事務局次長は、会議初日の3月27日に演説しました。藤森さんは、「私が奇跡的に生き延び、国連で核兵器廃絶を訴える。被爆者の使命を感じます。同じ地獄をどの国のだれにも絶対再現してはならない」と訴えました。

広島で被爆したカナダ在住のサーロー節子さんは、会議２日目の28日に演説しました。サーローさんは、涙で声をつまらせながら、「将来世代だけでなく、広島や長崎で亡くなった被爆

発言する日本原水協の土田弥生事務局次長＝２０１７年3月28日、ニューヨーク（加來恵子撮影）

者の思いも心に刻んで交渉してほしい」「この条約は世界を変えるし、変えられます。私たち被爆者はそう確信していることを知ってほしい」と語りました。

　2人の被爆者の訴えには、会場から割れんばかりの大きな拍手がわきおこりました。各国政府からの発言でも、被爆者の発言への共感、感動が多く語られました。ホワイト議長は、最終日に、「今週われわれと一緒にいてくれた被爆生存者のみなさんに感謝しています。彼らは核兵器の非人道的な影響をわれわれに鮮明に思い起こさせてくれました」と熱い感謝の気持ちをのべました。被爆者の声が世界を動かした。これが会議に参加した実感でありました。

　日本原水協の代表団も奮闘しました。土田弥生事務局次長は、サーロー節子さんと並んで2日目に演説しましたが、土田さんの演説にも会場から大きな拍手がおこりました。私たちが懇談した外交官からも「良い発言だった」との評価を聞き、うれしい思いでした。原水協は、国際舞台、特に国連の場に、長年にわたって被爆国の声を伝え、核兵器廃絶の署名を届けてきました。そのことによって大きな存在感、市民権を得ていることを感じました。

　会議では、インタラクティブ・ダイアローグ（相互対話）という討論方式もとられました。研究者、科学者、市民社会の専門家がパネリストとなり、彼らの意見や提案をまず聞いてから、政府代表や市民社会代表が議論を深めるという方式です。これは新しい試みとのことですが、文字通り、世界の世論、世界の英知が核兵器禁止条約をつくっていくという会議となったのであります。

世界の本流と逆流が鮮やかに浮き彫りになった

　第三は、「国連会議」をめぐって、世界の本流と逆流が鮮やかに浮き彫りになったということであります。

　会議初日の3月27日、米国のニッキー・ヘイリー国連大使は、英国やフランスの大使など約20カ国の大使とともに議場の外にならんで、「国連会議」と核兵器禁止条約に対する異常な攻撃を行いました。よく国連総会議場で国際会議が行われるさいに、ＮＧＯが議場の外でサイド・イベントなどを行いますが、この会議では、ＮＧＯは各国政府とともに議場の中にあって会議に参加し、米国が一部の国とともに議場の外で抗議する。立場が入れ替わってしまったのが、何とも印象的で、また痛快でもありました。

　米国などの行動は、彼らの危機感、焦燥感のあらわれにほかなりません。私たちは、長く国連軍縮担当上級代表を務め、原水爆禁止世界大会にも何度も参加した、ブラジルの練達の外交官、セルジオ・ドゥアルテさんとつっこんで意見交換をする機会がありました。彼は、現在の状況についてズバリ、「おもしろいことに、P5（核保有5大国）が初めて守勢に回っています」とのべました。彼は、「核保有国、とくにP5は、すでに反対という立場で参加しているのです」とものべました。核保有大国が「初めて守勢に回っている」。「国連会議」を無視することができず、攻撃のキャンペーンをやらざるを得なかったことは、「すでに反対という立場で参加している」ことを意味する。ドゥアルテさんのこの指摘は、長年にわたって核軍縮交渉の最前線で働いてきた方ならではの卓見だと感じました。

「国連会議」が開かれている会議場の外で、核兵器禁止条約交渉に抗議して記者会見するヘイリー米国連大使（中央）や英仏の外交官ら＝2017年３月27日、ニューヨーク（島田峰隆撮影）

米国のヘイリー国連大使は、「核兵器禁止条約は非現実的だ」と攻撃しました。しかし、非現実的で無力なものなら、なぜわざわざ攻撃のキャンペーンをやるのか。異常な攻撃をやらざるをえなかったこと自体が、「国連会議」と核兵器禁止条約のもつ現実的な力、その画期的な意義を証明するものではありませんか。米国と一部の国ぐにの行動は、皮肉なことに「国連会議」の価値をいっそう高めるものとなったのであります。

日本政府は、会議に出席しながら、「交渉には参加しない」と表明しました。私は、発言した高見沢将林《のぶしげ》軍縮大使と面談し、「会議に参加するならば、核兵器禁止条約の交渉という国連総会が決めた任務にそった行動をすべきです。自分たちの主張を宣伝する場に利用すべきではない。いまからでも核兵器禁止条約に反対という立場を改めるべきです」と批判しました。そうすると高見沢氏は「参加したのではありません」という。それでは何かと聞くと「出席です」という（**笑い**）。理解不能な説明ですが、日本政府が最後まで迷いながら、ともかくも出席せざるをえなかったのは、内外の世論に追い詰められた結果であります。

同時に、不参加の表明は、多くの参加国、参加者の批判を招きました。被爆者の藤森俊希さんは、日本政府の姿勢について「心が裂ける思い」と語りました。サーロー節子さんは、「母国に裏切られた」、「交渉に全面的に参加する能力のない日本政府を糾弾したい。彼らは外国の要人を広島に呼び、核兵器による

ＮＧＯ「核兵器廃絶国際キャンペーン（ＩＣＡＮ）」が日本政府代表席に置いた、「あなたがここにいてくれたら」と書かれた折り鶴＝2017年３月28日、ニューヨーク（遠藤誠二撮影）

惨状を知ってもらうことで核軍縮の重要な役割を果たしているといいますが、米国の核の傘に入り続けていては、それは口先だけで責任逃れの行為にしかなりません」、「そうではなく、日本国民の意思に応えて自主的な立場をとるべきです」と訴えました。

会議の初日の議事が終わったのち、私たちが、不在だった日本政府席に行くと折り鶴が置かれ、そこには「あなたがここにいてくれたなら」と書かれていました。私が、それを写真に撮り、ツイッターに投稿すると、大きな反響がありました。この折り鶴は、NGO「核兵器廃絶国際キャンペーン（ICAN）」のメンバーがつくったとのことですが、これは会議参加者の、またこの会議に期待と注目を寄せる多くの人々の共通の思いだったのではないでしょうか。

日本政府は、「国連会議」に参加しない理由として、「核保有国が参加しないもとで禁止条約をつくることは、核保有国と非核保有国の分断を深める」と弁明しました。たいへん腹立たしく、情けない議論であります。私は、現地での記者会見で、こうした日本政府の態度について問われ、次のように批判しました。

「今回の『国連会議』は、すべての加盟国に参加を要請しており、オープンでインクルーシブ（包括的）の精神で運営されていることを実感します。（日本政府は）『分断』というが、私は逆だと思います。２０００年、２０１０年のＮＰＴ再検討会議で全会一致で確認した『核兵器のない世界』への誓約を破って、核軍備増強に走り、『分断』をつくっているのは核保有大国とそれに追随する一部同盟国の側ではありませんか。『核保有国が参加しないもとで禁止条約をつくることは分断をつくる』という反対論は、つまるところ『核保有国が反対することは何もするな』という追随と従属の議論にほかなりません。唯一の戦争被爆国の政府が唱えるべき議論ではありません」。

なお参加国でいいますと、北朝鮮は「国連会議」の招集を決めた国連総会決議に賛成しながら、会議に参加しませんでした。これは、核兵器禁止条約が実際に制定される段階で、この条約に賛成するならば、核兵器を放棄しなければならなくなるからです。これは、核兵器禁止条約が、北朝鮮に核兵器放棄を迫るうえでも大きな威力をもつことを示しています。北朝鮮は、「国連会議」の招集に賛成しながら、参加しなかったという大きな矛盾を抱えることになりました。日本政府は、「北朝鮮問題があるから、核兵器禁止条約に賛成できない」と弁明しますが、論理がまったく逆であります。北朝鮮の核問題を解決するためにも、禁止条約によって、核兵器を「違法化」し、この兵器に「悪の烙印《らくいん》」を押すことが重要なのであります。

「核兵器のない世界」をめぐって、国連を舞台として、世界の本流と逆流が鮮やかに浮き彫りになりました。日本政府が唯一の戦争被爆国の政府でありながら逆流のお先棒を担いだことと対照的に、日本共産党が多くの政府代表、市民社会代表とともに本流のなかで役割を果たしたことは大きな意義があったと、私は、考えるものであります。（拍手）

二、日本共産党代表団の活動について

私たちの活動の概要――「要請文」、「文書発言」、演説

次に、日本共産党代表団の活動について報告いたします。私たちは、「国連会議」に参加し、会議の成功のために多面的な活動を行いました。

私たちは、会議開会に先立って、3月24日に、キム・ウォンス国連軍縮担当上級代表、3月26日に、エレン・ホワイト「国連会議」議長と会談し、会議への「要請文」――「核兵器禁止条約の早期締結にむけた国際的合意を」をお渡しし、会議成功にむけた要請を行いました。

「要請文」は、できるだけ簡潔に「国連会議」に参加する私たちの立場をのべたもので、一読して要点をつかめるようA4の紙の片面に入るようにしました。

また、「文書発言」――「どのようにして『核兵器のない世界』を実現するか」を国連に提出し、作業文書として受理されました。

さらに、短いものですが、公式の演説（ステートメント）を行うことができました。国連の会議で日本共産党として発言するのは、初めてのことであります。

私たちは、「要請文」をもって、個別に各国代表団と懇談・要請の活動を行いました。38の国・機関と、懇談・要請の活動をすることができました。さらに、各国のNGO、「核軍縮・不拡散議員連盟（PNND）」とも懇談し、協力の関係をつくることができました。

要請の内容について――まず「禁止」し、「廃絶」へと進む道を示した

まず、私たちの要請の内容について報告したいと思います。

核兵器禁止条約の交渉がいよいよ開始されるという新しい段階での最大の問題は、核保有国の参加をどう考えるかという問題でした。P５――核保有大国とその同盟国は、ごく一部を除いて「国連会議」をボイコットしています。NPTの枠外で核兵器開発を進めている国ぐにもこの会議に参加していません。

わが党は、この点にかかわって、「要請文」、「文書発言」、演説のなかで、次のような要請を行いました。「要請文」ではこの部分を太字にしてとくに目立つように工夫しました。

「**核保有国の参加を追求しつつ、かりに最初は核保有国の参加が得られなかったとしても、賛成する諸国の政府によって核兵器禁止条約――核兵器を禁止する法的拘束力のある協定を早期に締結すること。今回の『国連会議』で、核兵器禁止条約の早期締結にむけた国際的合意を達成すること**」。

「要請文」では、この要請を、政治的な角度から位置づけました。すなわち、①生物兵器や化学兵器が国際条約によって禁止されるもとで、核兵器は国際条約で禁止されていない唯一の大量破壊兵器となっている。②核保有国は、２０００年と２０１０年のNPT再検討会議で行った「核兵器のない世界」への自らの誓約に背き、自国の核軍備を近代化・強化する態度をとっている。③広島、長崎の実相を語り続けてきた被爆者の訴え、核兵器の非人道性を追及する一連の国際会議の開催などを通じて、核兵器が人類と決して共存しえない非人道的で残虐な兵器であることは、いまや誰の目にも明らかとなっている。この三つの角度から、国際社会が、核保有国の参加の有無にかかわらず、核兵器禁止条約締結へと一歩踏み出し、核兵器を「違法化」し、それに「悪の烙印」を押すことによって、核兵器全面廃絶への決定的な突破口を開くことの重要性を訴えました。

「文書発言」では、この要請を、条約論の角度から整理するとともに、核兵器の「禁止」から「廃絶」へと進む私たちの展望を明らかにしました。これまでの私たちの運動は、核兵器の「禁止」――核兵器を違法化することと、「廃絶」――核兵器を実際に廃棄してしまうことを、必ずしも条約的に区別せずに、一体的に扱ってきました。しかし、核兵器禁止条約の交渉が具体的に開始される今日の段階では、この問題での整理が必要になります。「禁止」は「廃絶」の不可欠の土台となります。同時に、「廃絶」のためには「禁止」のうえに追加の措置が必要となります。

私たちは「文書発言」で、以下のような表明を行いました。ポイントが五つほどあります。

――第一に、「核兵器のない世界」を達成し維持するための法的措置として、国連加盟国の多数の諸国の支持を得ているアプローチとしては、つぎの二つのアプローチがあります。

一つ目のアプローチは、「核兵器禁止条約」――「核兵器を

禁止する法的拘束力のある文書」であります。この条約は、「禁止」を主題とし、核兵器の開発・保有・配備などの禁止、使用及び使用の威嚇の禁止、領土における持ち込みの禁止などがその要素となります。この条約は「廃絶」に関する措置を含まず、将来の交渉課題として残しています。その意味でこの条約は中間的条約という性格をもちます。

3月27日、ニューヨークの国連本部第4会議場で開かれた「国連会議」に出席した志位和夫委員長（左）と笠井亮政策委員会責任者（遠藤誠二撮影）

二つ目のアプローチは、「包括的な核兵器禁止条約」であります。この条約には、核兵器の禁止とともに、特定の時間枠のなかでの核兵器廃絶のための段階的計画が含まれています。それは「禁止」と「廃絶」という二つの要素によって構成され、二つの要素を一つの条約で一挙に達成しようというものであります。

――第二に、この二つのアプローチは、互いに相いれないものでなく、どちらも「核兵器全面廃絶」という同じ目標の達成をめざすものです。それは、「包括的な核兵器禁止条約」を支持する諸国の多くが「核兵器禁止条約」についても支持していることに示されています。私たち日本共産党は、二つのアプローチのどちらに対しても強く支持するものです。

――第三に、同時に、今回の「国連会議」では、一つ目のアプローチ――「核兵器禁止条約」の早期締結にむけた国際的合意を達成することが、最も現実的で効果的です。「核兵器禁止条約」は、かりに核保有国の参加がなくてもただちに交渉・締結が可能です。それに対して二つ目のアプローチ――「包括的な核兵器禁止条約」は、核保有国の参加がなくては交渉・締結は難しいとされています。核保有国の参加がなくては核兵器の廃棄のための詳細な条項を交渉することは技術的に困難であるからです。核保有国が「核兵器のない世界」の実現に背を向けている現在の国際的な政治状況のもとでは、核保有国の参加の有無にかかわらず交渉・締結が可能な「核兵器禁止条約」がただちに追求できる唯一の方策であることは明らかです。

――第四に、「核兵器禁止条約」の締結は、核兵器全面廃絶につながる意義をもちます。国連加盟国の大多数の賛成で「核兵器禁止条約」が締結されれば、核兵器は人類史上初めて「違法化」され、あらゆる兵器のなかで最も残虐なこの兵器に「悪の烙印」が押されることになります。そうなれば核保有大国は、法的拘束は受けなくても、政治的・道義的拘束を受けることになるでしょう。さらに「核兵器禁止条約」は、締約国の領土に核兵器を持ち込むことを禁止することなどによって、核保有大国の核戦略を軍事的に拘束し、破たんさせる可能性をもっています。こうして「核兵器禁止条約」は核兵器全面廃絶につながる意義をもつし、つながるものとして構想されなければなりません。

――第五に、核兵器の「禁止」から「廃絶」へと進む力はどこにあるか。それは自然に進むものではありません。「核兵器禁止条約」の力と、世界の反核平和運動の力――二つの力をあわせることが必要であります。この力によって、核保有大国の変化を促し、このプロセスに参加させ、核兵器の全面廃絶へと道を開く。ここにこそ「核兵器のない世界」への大道がありま す。そのさい、核保有大国とその「核の傘」のもとにある国ぐに――私たちはそれらをまとめて「核依存国」と名付けました――で、「核兵器禁止条約」を求める声を国民多数の声とし、政治の変革をつくり出すことが、決定的なカギとなっていま す。

以上の五つのポイントが、私たちが「文書発言」でまとめた内容であります。

わが党の要請の内容は、昨年（2016年）12月23日の国連総会決議が「国連会議」に与えた任務に合致したものでした。総会決議では、「国連会議」に、「核兵器全面廃絶につながる、核兵器を禁止する法的拘束力のある協定について交渉する」ことを求めています。ここでは「国連会議」が取り組むべき交渉の対象は、「核兵器を禁止する法的拘束力のある協定」――「核兵器禁止条約」であることを明示しています。同時に、それは「核兵器全面廃絶につながる」ものと位置づけられていま す。それは、「禁止」と「廃絶」の二つの段階を分ける一方で、「禁止」は「廃絶」に「つながる」ことを明確にしています。まず「核兵器禁止条約」を結び、禁止条約と世界の反核平和運動の力で「廃絶」に進もうというわが党の要請は、国連総会決議が「国連会議」に与えた任務と合致したものでありました。

キム上級代表、ホワイト議長、ドゥアルテ元上級代表との会談

わが党は、こうした政治方針をもって、「国連会議」に働きかけましたが、これは会議の任務とかみあい、会議参加者の立場と響きあうものとなり、成功にむけた一つの貢献となったと考えるものです。

私たちは、「国連会議」開会に先だつ3月24日、キム・ウォンス国連軍縮担当上級代表と会談しました。私たちの要請に対して、キム上級代表は、「志位委員長のご指摘のように、核兵器のない世界を実現するためには核兵器保有国を参加させることが必要です。法的拘束力を持つ条約は核兵器廃絶に至る重要なステップです。いかにして禁止条約から核兵器の廃絶に至るか。核兵器保有国の参加が必要になります」と応じました。まず禁止条約を締結し、それをステップとしながら核保有国を参加させ廃絶に進む。これが国連総会決定によって「国連会議」

に与えられた任務であることが、キム上級代表から語られました。さらに、キム上級代表は、「被爆者のメッセージを世界に普及することはわれわれの義務です」、「核保有国が禁止のプロセスに加わるよう促すためには世界の世論の広がりが非常に重要であり、署名キャンペーンは重要な方法です」とのべました。キム上級代表が、市民社会との協力こそ「核兵器のない世界」に進む力であることを強調したことは、わが意を得たりという思いでありました。

私たちは、「国連会議」開会の前日の3月26日、エレン・ホワイト「国連会議」議長と会談しました。ホワイト議長は、コスタリカ出身の外交官です。彼女は、「今週は歴史的な1週間になります」とのべ、第1会期で核兵器禁止条約への道筋をつけることへの、並々ならぬ決意を語りました。最も印象的だったのは、私が、日本で「ヒバクシャ国際署名」が取り組まれ、すでに１７０万筆以上になったことを紹介し、英語とスペイン語の署名簿を手渡し、「世界で数億を目標に取り組まれています」とのべたときのホワイト議長の反応でした。彼女は、胸に両手をあてて聞き入り、笑顔で次のように語りました。「それは私にとって強さを与えてくれるものです。こんなにたくさんの人々が真剣になって考えてくれるのをうれしく思います。地球上の命、将来世代の命を守ることはわれわれ世代の責務です。これだけ多くのメッセージがあることを知り、感動しました」。私は、「私も議長のその言葉に感動しました」と応じました。「国連会議」の責任者が、署名の話をこれほど感情豊かに受け止めてくれたことはとても感動的でありました。

私たちは、同じ日に、セルジオ・ドゥアルテ元国連軍縮担当上級代表と会談しました。ドゥアルテさんのニューヨークでのアパートメントに招待

キム・ウォンス国連軍縮担当上級代表（左）と握手する志位委員長＝２０１７年3月24日、国連本部（遠藤誠二撮影）

「国連会議」のホワイト議長（右）と握手する志位委員長＝２０１７年3月26日、ニューヨーク（遠藤誠二撮影）

ドゥアルテ元国連軍縮担当上級代表（中央）と志位委員長（左）、笠井亮政策委員会責任者＝2017年3月26日、ニューヨーク（遠藤誠一撮影）

され、1時間半にわたって多面的に意見交換を行いました。私が、「要請文」を渡して説明しますと、ドゥアルテさんはじっと文面を読んで、「まさに、この通りです。とてもいい。たいへん明確なものですね」と評価してくれました。私が、「ヒバクシャ国際署名」について話しますと、「とてもいい。私も署名しましょう」とその場で自らペンをとり署名しました。

キム上級代表、ホワイト議長、ドゥアルテ元上級代表――3人に共通していたのは、草の根の運動への強い期待でした。草の根からの一筆一筆の署名こそ、国際政治の最前線で核兵器禁止条約をまとめようと努力している人々にとって、最大の励ましとなり、支えとなる。そのことが異口同音に語られたことを、全国のみなさんに報告しておきたいと思います。（**拍手**）

38の国・機関との懇談・要請――「要請文」の立場は多くの参加国に共有された

さらに、私たちは、「要請文」をもって、38の国・機関と個別に懇談・要請を行いました。会議開始前、昼食休憩、閉会後など、あらゆる機会をとらえて行いました。ニューヨークでは時差の関係で、朝早く目が覚めてしまいます。そこで私たちは朝6時には朝食をとり、朝食をとりながら打ち合わせを行い、毎日10時から会議が始まりますが、9時半には会場に行きます。私たちが一番乗りです。会議開始前の時間も利用して懇談・要請を行いました。懇談・要請は、国連代表部を訪問して1時間におよぶものもあれば、会場のロビーで数分程度というものもありました。その概要は、4月3日付「しんぶん赤旗」で紹介しましたので（本書32ページ～）、ぜひご覧いただければと思います。

懇談では、多くの国の代表から、「『要請文』は私たちと同じ立場」、「この『要請文』にはわれわれがやっていることが書かれている」などの賛同の声が寄せられました。アルジェリアの代表は「この『要請文』の立場は、会議のほとんどの参加国と共有するものです」と語りました。

メキシコのルイスカバーニャス外務副大臣との会談はとても印象的でした。彼と私は、ルイスカバーニャスさんが駐日大使を務めていた時代からの旧知の関係で、まず再会を喜びあいました。彼は、駐日大使として何度も原水爆禁止世界大会に参加し、副大臣に就任したあとも広島を訪問している外交官です。私が「要請文」をお渡しして、説明しようとしますと、私が説明する前に、ルイスカバーニャスさんは、大きな声で私たちの「要請文」の太字で書いてある要請の部分をすべて読み上げました。そして、「ここの太字の部分、まったく同感です。『できるだけ早く』という部分も考えが一緒です」とのべました。私は、言うことがなくなってしまった（**笑い**）。「打てば響く」といいますが、「打つ前に響いた」（**笑い**）会談となりました。

メキシコのルイスカバーニャス外務副大臣（左）と握手する志位委員長＝2017年3月27日、ニューヨーク（遠藤誠二撮影）

オーストリアのハイノッチ大使（中央）と懇談する志位委員長（その右）＝2017年3月28日、ニューヨーク（遠藤誠二撮影）

オーストリアのトーマス・ハイノッチ国連大使との会談も忘れられません。「要請文」を説明すると、ハイノッチさんは、「たいへん良いものです。われわれの目的としているものに支持を寄せてくれて感謝します」と応じました。私が、「オーストリアが核兵器廃絶で積極的役割を果たしている理由はどこにあるのでしょう」と尋ねると、印象深い答えが返ってきました。「一つは、人道に重きを置いた外交を行ってきたことがあります。もう一つは、われわれは、ひとたび戦争が起きれば核兵器によって大きな惨事になったであろうと予測される東西冷戦を経験しています」。「オーストリアでは、核兵器廃絶は超党派、すべての政党が支持しており、憲法でも核兵器禁止をうたっています」。とても納得のいく説明でした。

メキシコとオーストリアは、この「国連会議」開催で大きな役割を果たした国ですが、深いところで相互に理解しあえる会談ができたことはうれしいことでありました。

同時に、懇談・要請のなかでは、核兵器廃絶という方向では一致しているけれども、そのアプローチについては研究、検討の途上にあるという国もありました。ある国の代表は、「最初の会議なので、（核兵器廃絶の）プロセスについてはまだ決めていません。各国の話を聞き、どうするのかを考えていきます。（『要請

「国連会議」のホワイト議長（中央）と核兵器禁止へ協力を誓いあう被爆者と日本原水協代表団＝2017年３月30日、ニューヨークの国連本部（加來恵子撮影）

文』は）とても役にたつものです」と率直に語ってくれました。ある国の代表は、「私たちは禁止条約で一歩を踏み出すことが重要という立場ですが、参加国のなかには『すぐに核兵器の全面廃絶をすべきだ』という主張もあります」と説明してくれました。ある国の代表は、「日本共産党が、核問題で、これだけシャープな問題提起をして、この会議で訴えていることに感銘を受けました。この『要請文』はよく研究したい。（日本共産党の『文書発言』についても）よく研究したい」とのべました。これらは、「国連会議」の目的には賛同しているけれども、どういうアプローチで「核兵器のない世界」に進むのかについては、いろいろな模索が存在することをうかがわせるものでした。

　私たちの「要請文」は、核保有国の参加をどう考えるかを正面から端的に規定づけたものですが、こうした規定は政党の立場だからできるものであり、政府の立場では同じことを考えていても言いにくいということがあると思います。また、国によっては、核兵器の「禁止」と「廃絶」の条約論的な整理が研究、検討途上という国もあるように感じました。さらに、「核兵器禁止条約の力と、世界の反核平和運動の力――二つの力をあわせることで、核保有大国の変化を促し、このプロセスに参加させ、核兵器の全面廃絶へと道を開く」という私たちの提起には、いくつかの国から強い賛意が表明されましたが、この提起も戦後、長年にわたって、日本被団協、日本原水協とともに、原水爆禁止運動に取り組んできたわが党ならではの提起だったと思います。

　日本共産党代表団が、核兵器禁止条約について、政治論の角度からも、条約論の角度からも、運動論の角度からも、今日の情勢にそくして私たちなりに論を発展させて「国連会議」に提起したことは、会議の成功にむけて一つの貢献になったと考えるものであります。（拍手）

日本政府不在のもとで、被爆国・日本国民の声を、国連に届けた

　私たちの懇談・要請活動での、もう一つの共通した特徴は、唯一の戦争被爆国である日本の政党がこうした要請をしていることに、多くの国が、大きな意義と激励を見いだしているということでした。

ニュージーランドの代表は、「日本政府が来ていないなかで、日本の市民の声を届けてくれたことに感謝します」と語りました。サウジアラビアの代表は、「日本は被爆国であるので、みなさんの訴え（『要請文』）にはインパクトがあります。こうした活動を歓迎します」と評価してくれました。ウガンダの代表は、「なぜ日本政府はこの場に来ていないのでしょうか。こうして国会議員は来ているのに。残念です」と語りました。コスタリカの代表からは、「日本の人々の気持ちを伝えてくれてありがとうございます」との声が寄せられました。ある国の代表からは、「日本政府は禁止条約に反対しました。なぜですか。核の傘の下にいたらだめです。被爆者のために賛成するように政府につたえてほしい」と語りました。

67回もの南太平洋上での核実験によって深刻な被害を受けたマーシャル諸島の代表の発言も印象深いものでした。次のような発言でした。「わが国は、日本とは共通の被爆の経験があります。日本は核兵器廃絶を世界にアピールする強いポジションを持っています。日本から多くの非政府組織（NGO）が参加して訴えていることは励ましです。先ほどの（日本共産党の）演説で、多くの日本国民がこの会議を歓迎していると聞きました。この『要請文』にある内容で活動している政党に感謝します。私たちはあきらめません。核兵器の惨害を知っている国民として、日本国民とともにがんばっていきたいと思っています」。

なお在米の日本メディア関係者の話によると、私たちが会議で懇談・要請などの活動を行っていたため、各国代表のなかには、「日本からも会議に参加しているよ」と、日本共産党代表団を日本政府代表団と

コスタリカのメンドーサ国連大使（右）と会談する（左２人目から右へ）志位委員長、緒方副委員長、笠井政策委員会責任者、森原国際委員会副責任者＝2017年３月24日、ニューヨーク（遠藤誠二撮影）

ベネズエラのラミレス国連大使（左）と会談する志位委員長＝2017年３月24日、ニューヨーク（遠藤誠二撮影）

誤解している国もあったといいます。（**笑い**）

日本共産党代表団の活動は、日本被団協の藤森俊希さん、日本原水協の代表団のみなさんの活動とともに、日本政府不在のもとで、被爆国・日本国民の声を、国連に届けるという点で、大きな意義ある活動だったと考えるものであります。（**拍手**）

国連の公式会議で初めて行った演説について

日本共産党代表団は、「国連会議」で、市民社会の代表の一人として、演説（ステートメント）を行うことができました。国連の公式会議で党の代表が演説を行うのは初めてのことであります。

ＰＮＮＤ幹部（左側）と懇談する志位委員長（右端）ら訪問団＝2017年３月26日、ニューヨーク（遠藤誠二撮影）

ＩＣＡＮのフィン事務局長（左から2人目）らと懇談する志位氏（右）＝2017年３月25日、ニューヨーク市内（田川実撮影）

これは当初は、予想もしていないことでした。市民社会の代表には、１日15分間の発言時間が割り当てられています。世界中から多くのＮＧＯが会議に参加し、演説を希望しており、１人に割り当てられた演説時間は２～３分程度です。非常に「競争率」が高い（**笑い**）。ですから私たちは、初日に演説した被爆者の藤森さんは別格として、日本からの演説は日本原水協まではないかと考えていました。

私たちが演説をすることができたのは、多くの方々のお力添えのおかげであります。私たちは「核軍縮・不拡散議員連盟（ＰＮＮＤ）」の一員として会議に参加しましたが、ＰＮＮＤ事務局長のアラン・ウェアさんには、私たちの会議の参加から演説まで、温かいサポートをしていただきました。私たちはニューヨークにつくと、ＰＮＮＤから参加したみなさんと懇談をもちました。私は、演説テキストについて説明しましたが、アラン・ウェアさんは賛同してくれただけでなく、ネイティブの立場でよりよい英語に仕上げることまでしてくれました。カナダからはリンダ・ダンカン共同議長（新民主党）が参加しており、ＰＮＮＤの演説枠をどうするかが相談になりましたが、一つの演説枠を、仲良く日本とカナダで分け合うことで合意しました。私たちは、２日目の最後に演説する予定となり、発言席につきました。ダンカンさんは私のテキストを見て、「英語でスピーチするのですか」と聞いてきます。私が「そうです」と答えると、「それは素晴らしい。それなら私が発音をチェックしてあげましょう」と言う（**笑い**）。私が発音の難しい単語をいくつか話すと「とても良い」と優しくほめてくれ（**笑い**）、とても良いコンビになりました。ところが、私たちの演説の直前のところで、２日目の議事は終了が告げられ、演説は３日目にまわされてしまいました。ダンカンさんは、その日に帰国する予定で、無情にもせっかく用意した演説ができなくなり、たいへんに残念がっておられました。結局、私は、３日目に、彼女に代わって欧州でＰＮＮＤの活動を担当しているフランスのジャンマリー・コリン氏とともに演説をすることになりました。

　私たちの演説が実現するうえで、もう一方、たいへん世話になった方がいます。ＩＣＡＮ（核兵器廃絶国際キャンペーン）・国際運営グループ共同議長の川崎哲《あきら》さんです。川崎さんは、私が参加することを知ると、演説が実現するよう力を尽くしてくれました。ＮＧＯの発言の全体のコーディネートをやっているＩＣＡＮ事務局メンバーに私たちを会わせてくれ、そこでも私は演説テキストについて説明し、内容への賛同をえて、ＩＣＡＮ事務局のメンバーのみなさんは、演説者リストに入れることを約束してくれました。

　ごく短時間の演説でしたが、実現するまでには多くの方々の支援があったことを、感謝とともに報告しておきたいと思います。（**拍手**）

　そして、私たちの演説が実現したの

3月29日、ニューヨークの国連本部で開かれた「国連会議」で演説する志位委員長（遠藤誠二撮影）

3月29日、演説する志位委員長が2カ所のモニターで映しだされた国連本部第4会議場の政府代表席（遠藤誠二撮影）

「国連会議」で被爆体験を語る被団協事務局次長の藤森俊希さん＝2017年3月27日、ニューヨーク（加來恵子撮影）

は、わが党がたんに被爆国の政党というだけではなしに、「国連会議」とかみあった政治方針をもってこの会議にのぞんだことが評価されたからだと思います。

私の演説は、「要請文」の立場を凝縮してのべたものですが、冒頭に「日本政府が、この議場にいないことはたいへんに残念なことです。しかし、被爆者の方々と日本国民の大多数がこの『国連会議』を強く支持していることは明らかです」と表明しました。

「たいへんに残念」。この気持ちは、会議に参加していた多数の諸国の代表の共通の気持ちだったと思います。同時に、被爆者の方々と日本国民の大多数が核兵器禁止条約の実現を願っていることは明らかであり、その思いを伝える必要があると考えました。

私の演説に対して、セルジオ・ドゥアルテ元国連軍縮上級代表は、「被爆国日本から、今、始まった核兵器禁止条約のプロセスにとって励ましを受けました。とても良い発言でした」と感想を語ってくれました。オランダのNGO「パックス・クリスティ」のメンバーからは、「日本政府の代わりに、核兵器をなくせという日本の真の声をアピールした演説でした。日本政府の欠席とみごとな対比を示しています」という声が寄せられました。

多くの方々の支援によって、被爆国・日本で活動している政党の立場から、日本国民の声を肉声で国連に届けることができたことは、「国連会議」に参加しての私たちの最大の喜びだったことを、報告しておきたいと思います。（拍手）

「国連会議」第1会期は、私たちの想像をこえる成果をあげた

5日間にわたって開催された「国連会議」の第1会期はどういう成果をあげたか。3月31日、ホワイト議長は、閉会にあたってのあいさつで、次のように表明しました。

「この1週間の作業は、非常に奮いたたせてくれるような内容でした。議論は核兵器の全面廃絶につながる、法的拘束力のある文書のすべての側面を扱いました」「私は、われわれが任務を成し遂げることができるだろうと非常に楽観的になることができました。（第2会期が終わる）7月7日までには条約を採択することによって仕事を終えるという議長の決意を表明し

たい。……私は、会議に参加しているみなさんへの草案を、5月の後半か、6月1日までには提示できるようにしたい」。

さらにホワイト議長は、すべての参加者が禁止条約締結への断固とした強い支持を示したとし、国連総会決議が「国連会議」に課した任務を遂行する議長の強い決意を重ねて表明し、「私は、すべての参加者に感謝したい。そして6月にもう一度会いましょう」とのべ、会議の休会を宣言しました。会場からは大きな拍手が続きました。

「7月7日には条約を採択」という議長の発言は、「国連会議」の第1会期が、率直にいって私たちの想像を超える成果をあげたことを示しています。私たちは、今回の「国連会議」について、条約の採択までには一定の時間が必要で、今年の会議ではそこまでには至らないのではないかと考えていました。ところが国際社会は、この5日間で、そうした予想を覆すスピード感で、条約の採択にむけて動いたのであります。

仮に、7月7日に条約が採択されたとすれば、歴史上初めての核兵器禁止条約が今年中にも誕生する可能性があります。もちろん、今後、核保有大国などからの攻撃も予想され、難しい問題も起こるでしょうし、予断は許されませんが、「国連会議」の第1会期は、驚くほどの大きな成果を達成したといえると思います。私は、ここには平和を願う世界の巨大な世論が働いていることを強く実感するものであります。

私は、心から呼びかけたい。この画期的な動きを実らせるかどうか。それを決めるのは世界の草の根からの世論と運動であります。とりわけ被爆国・日本から、「ヒバクシャ国際署名」を広げに広げ、今年を「核兵器のない世界」への第一歩を踏み出したといえる年にしていくために力をつくそうではありませんか。（**拍手**）

三、世界の躍動する姿、野党外交の新しいステージ

世界は、逆流や複雑さをはらみながらも、平和と進歩への歩みを刻んでいる

最後に、全体をふりかえって感じたことを、2点ほどのべておきたいと思います。

第一は、世界は、逆流や複雑さをはらみながらも、着実に平和と進歩への歩みを刻んでいるということであります。

「国連会議」の初日、米国を先頭にしたわずか20カ国程度の国連大使が「核兵器禁止条約反対」を議場外で叫ぶなか、世界

の多数の国ぐにと市民社会が参加して、国連総会議場で歴史的会議が開始されました。その光景は、世界の本流はだれか、逆流はだれか、その姿を鮮やかに示すものとなりました。

この「国連会議」でとくに主導的な役割を発揮したのは、メキシコ、オーストリア、コスタリカ、アイルランド、ブラジルなどの国ぐにでした。ここには発達した資本主義国、新興国、途上国などさまざまの国がありますが、なかでもオーストリア、コスタリカ、アイルランドなどの「小さな国」が、「大きな存在感」を発揮していたことが印象的でした。こうした国ぐにが主導した「国連会議」が、核兵器問題という国際政治の根本問題で、P5――核保有大国の攻撃をはねかえして、会議を成功に導くために堂々と大活躍している。ここには、21世紀の世界の姿が示されています。

それは一言でいえば国の大小で序列のない世界であります。いまの世界で大切なのは、国の大小でもなければ、経済力の大小でもなければ、ましてや軍事力の大小ではありません。世界の道理にかなった主張をしている国ならば、小さな国でも世界から尊敬され、大きな力を発揮します。道理にかなっていない国、他国の言いなりになっているような国は、何を言っても相手にされません（**笑い、拍手**）。それは、「国連会議」での日本政府のみじめな姿が示したことです（**拍手**）。世界のすべての国ぐにが、対等・平等の資格で、世界政治の主人公になる新しい時代が到来しているのであります。

日本共産党の綱領は、20世紀に起こった最大の変化として、「植民地体制は完全に崩壊し、民族の自決権は公認の世界的な原理という地位を獲得し、百を超える国ぐにが新たに政治的独立をかちとって主権国家となった」ことをあげています。この20世紀に起こった「世界の構造変化」ともよぶべき巨大な変化が、国の大小で序列のない世界をつくり、その力が、いま「核兵器のない世界」をめざす画期的な流れとなってあらわれている。「国連会議」は、そうした世界の躍動する姿を生きた形で示すものとなったのであります。

「国連会議」への参加を通じて、新しい道、新しい友人、新しい財産をつくった

第二に、日本共産党自身についていえば、「国連会議」への参加は、私たちの野党外交のステージとスケールを、一段と高めるものとなったといえると思います。

これまでのわが党の野党外交は、他国の政府との関係では個々の関係はありましたが、諸政府が構成する多国間の国際会議に、わが党が正式の構成員として参加することは考えられませんでした。わが党は、これまでもNPT再検討会議、非同盟諸国首脳会議、イスラム諸国機構の総会などに代表団を派遣した経験はありましたが、これはオブザーバーやゲストとしての参加でした。また、わが党は、アジア政党国際会議（ICAP）を重視して参加してきましたが、これは多国間の国際会議であっても、政党間の会議でした。国連という世界で最も重要

な多国間の国際会議に、公式に参加し、演説をするというのは、わが党にとってまったく初めての体験となりました。

　私たちは、この活動に取り組むことによって、たくさんの新しい道が開けたという感を強くしています。わが党と各国政府との関係が、一挙に拡大しました。メキシコのルイスカバーニャス外務副大臣との会談では、「今後、メキシコでこの話の続きをしよう」ということで意気投合しました。ローマ法王庁との会談もたいへんに印象深いものでした。国連代表部のサイモン・カサス神父に、私たちの「要請文」をお渡しして説明しますと、カサス神父は、「会議での演説に感謝します。要請文の立場は、理性的なもので、よく理解できます。ローマに来られるさいは、バチカンにも寄ってください」と語りました。カトリックの総本山との対話の道も開かれてくるかもしれません。

ローマ法王庁のカサス神父（中央）と懇談する志位委員長（左）＝2017年3月29日、ニューヨーク（遠藤誠二撮影）

　私たちは、政党間でも、CND（核軍縮キャンペーン）の一員として参加したイギリス労働党のファビアン・ハミルトン下院議員と交流する機会がありました。ハミルトンさんは、イギリス労働党の影の内閣で平和軍縮大臣をつとめています。5カ月前、ジェレミー・コービン党首が新たにつくった大臣とのことでした。イギリス労働党との交流の道も開かれたように思います。ハミルトンさんは、「2020年の次期総選挙で勝利し、英国として核兵器禁止条約にサインしたい」との決意を私たちに語りました。私が、日本も負けてはいられないと（**笑い**）、日本で野党共闘をすすめていることを話しますと、「次の選挙で良い結果が出ることを願っています」とのエールが返ってきました。日本やイギリスが核兵器禁止条約に署名する日がくれば、世界が大きく変わることは間違いないでしょう。（**拍手**）

　「国連会議」は、今日の世界の希望ある姿、躍動する姿を私たちの目に焼き付けました。そして私たちはこの会議への参加を通じて、たくさんの新しい道、新しい友人、新しい財産をつくった思いであります。

　みなさん。この成果を深い確信にして、この日本での平和と進歩をめざすたたかい、新しい政治を築くたたかいをさらに発展させようではありませんか。

　ご清聴ありがとうございました。（**大きな拍手**）

（「しんぶん赤旗」2017年4月9日付）

「国連会議」への志位和夫委員長の要請文全文は以下の通りです。

核兵器禁止条約の早期締結にむけた国際的合意を

――「国連会議」への要請

2017年3月24日

核軍縮・不拡散議員連盟（PNND）・
日本国衆議院議員
日本共産党幹部会委員長
志位　和夫

私は、広島と長崎への原爆投下による言語を絶する惨禍を体験した唯一の戦争被爆国において、戦後一貫して日本国民とともに核兵器廃絶を求め続けてきた政党を代表して、「核兵器全面廃絶につながる、核兵器を禁止する法的拘束力のある協定について交渉する国連会議」の開催を心から歓迎するものです。

第1回国連総会が全会一致で採択した核兵器禁止を確認する第1号決議（1946年1月24日）以来、「核兵器のない世界」への努力が続けられてきました。しかし、核保有国はいまなお1万5千発もの核弾頭を持ち続けています。生物兵器や化学兵器が国際条約によって禁止されるもとで、核兵器は国際条約によって禁止されていない唯一の大量破壊兵器となっています。

国際社会は、2000年のNPT（核不拡散条約）再検討会議で、「自国核兵器の完全廃絶を達成するというすべての核保有国の明確な約束」を確認しています。２０１０年のＮＰＴ再検討会議では、「核兵器のない世界を達成し維持するために必要な枠組みを確立するための特別な取り組みをおこなう」ことを合意しています。

しかし、核保有国は、これらの誓約を実行するどころか、「段階的アプローチ」の名で核兵器廃絶を永久に先送りし、自国の核軍備を近代化・強化する態度をとっています。ＮＰＴの枠外の国々での核開発の動きも重大です。

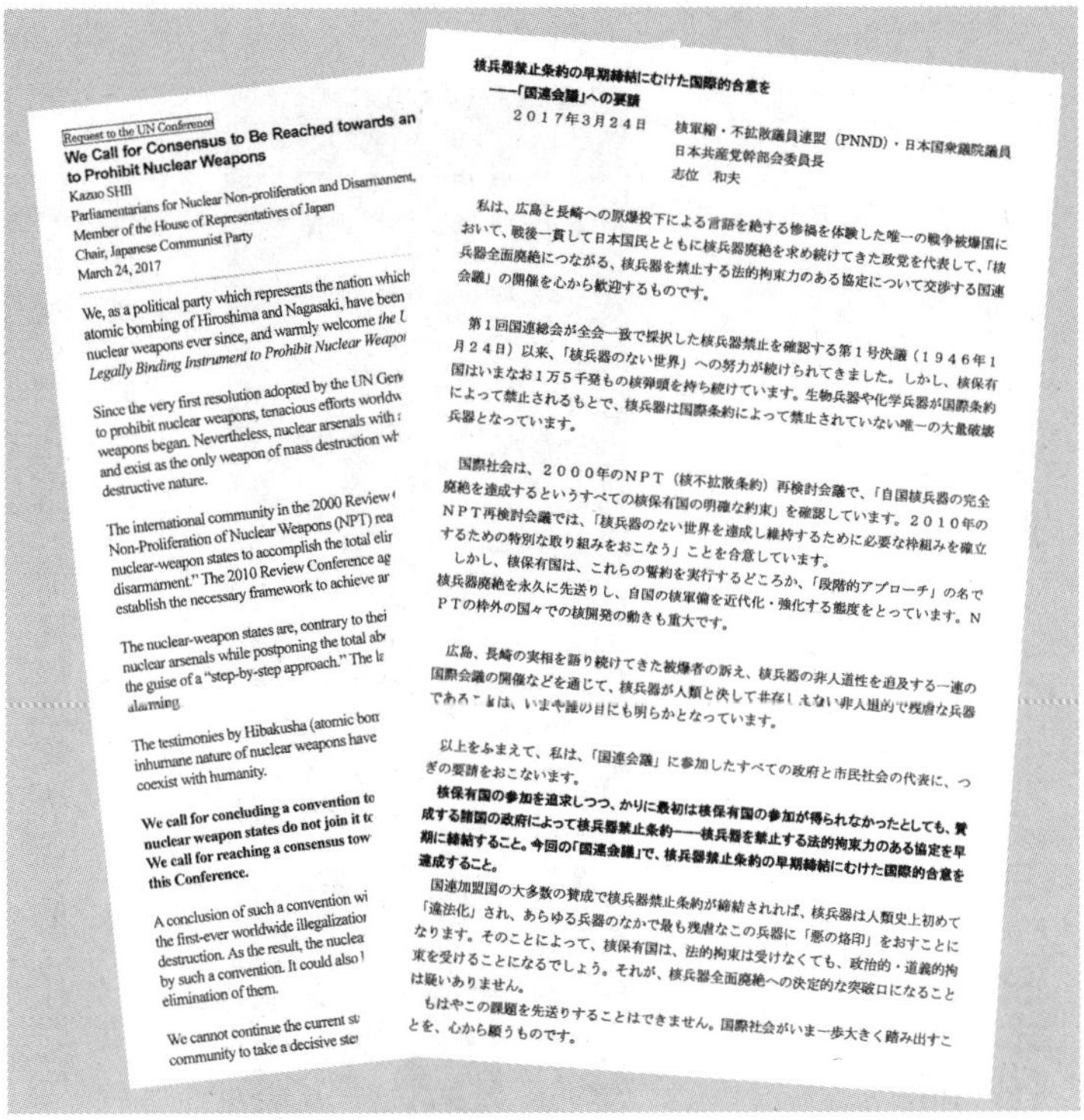
Request to the UN Conference
We Call for Consensus to Be Reached towards an
to Prohibit Nuclear Weapons
Kazuo SHII
Parliamentarians for Nuclear Non-proliferation and Disarmament,
Member of the House of Representatives of Japan
Chair, Japanese Communist Party
March 24, 2017

We, as a political party which represents the nation which
atomic bombing of Hiroshima and Nagasaki, have been
nuclear weapons ever since, and warmly welcome *the U*
Legally Binding Instrument to Prohibit Nuclear Weapo

Since the very first resolution adopted by the UN Gen
to prohibit nuclear weapons, tenacious efforts worldw
weapons began. Nevertheless, nuclear arsenals with
and exist as the only weapon of mass destruction wh
destructive nature.

The international community in the 2000 Review
Non-Proliferation of Nuclear Weapons (NPT) rea
nuclear-weapon states to accomplish the total elir
disarmament." The 2010 Review Conference ag
establish the necessary framework to achieve ar

The nuclear-weapon states are, contrary to thei
nuclear arsenals while postponing the total ab
the guise of a "step-by-step approach." The la
alarming.

The testimonies by Hibakusha (atomic bom
inhumane nature of nuclear weapons have
coexist with humanity.

We call for concluding a convention to
nuclear weapon states do not join it to
We call for reaching a consensus tow
this Conference.

A conclusion of such a convention wi
the first-ever worldwide illegalizatio
destruction. As the result, the nuclea
by such a convention. It could also
elimination of them.

We cannot continue the current st
community to take a decisive ste

核兵器禁止条約の早期締結にむけた国際的合意を
――「国連会議」への要請
２０１７年３月２４日　核軍縮・不拡散議員連盟（PNND）・日本国衆議院議員
日本共産党幹部会委員長
志位　和夫

私は、広島と長崎への原爆投下による言語を絶する惨禍を体験した唯一の戦争被爆国において、戦後一貫して日本国民とともに核兵器廃絶を求め続けてきた政党を代表して、「核兵器全面廃絶につながる、核兵器を禁止する法的拘束力のある協定について交渉する国連会議」の開催を心から歓迎するものです。

第１回国連総会が全会一致で採択した核兵器禁止を確認する第１号決議（１９４６年１月２４日）以来、「核兵器のない世界」への努力が続けられてきました。しかし、核保有国はいまなお１万５千発もの核弾頭を持ち続けています。生物兵器や化学兵器が国際条約によって禁止されるもとで、核兵器は国際条約によって禁止されていない唯一の大量破壊兵器となっています。

国際社会は、２０００年のＮＰＴ（核不拡散条約）再検討会議で、「自国核兵器の完全廃絶を達成するというすべての核保有国の明確な約束」を確認しています。２０１０年のＮＰＴ再検討会議では、「核兵器のない世界を達成し維持するために必要な枠組みを確立するための特別な取り組みをおこなう」ことを合意しています。
しかし、核保有国は、これらの誓約を実行するどころか、「段階的アプローチ」の名で核兵器廃絶を永久に先送りし、自国の核軍備を近代化・強化する態度をとっています。ＮＰＴの枠外の国々での核開発の動きも重大です。

広島、長崎の実相を語り続けてきた被爆者の訴え、核兵器の非人道性を追及する一連の国際会議の開催などを通じて、核兵器が人類と決して共存しえない非人道的で残虐な兵器であることは、いまや誰の目にも明らかとなっています。

以上をふまえて、私は、「国連会議」に参加したすべての政府と市民社会の代表に、つぎの要請をおこないます。
核保有国の参加を追求しつつ、かりに最初は核保有国の参加が得られなかったとしても、賛成する諸国の政府によって核兵器禁止条約――核兵器を禁止する法的拘束力のある協定を早期に締結すること。今回の「国連会議」で、核兵器禁止条約の早期締結にむけた国際的合意を達成すること。
国連加盟国の大多数の賛成で核兵器禁止条約が締結されれば、核兵器は人類史上初めて「違法化」され、あらゆる兵器のなかで最も残虐なこの兵器に「悪の烙印」をおすことになります。そのことによって、核保有国は、法的拘束は受けなくても、政治的・道義的拘束を受けることになるでしょう。それが、核兵器全面廃絶への決定的な突破口になることは疑いありません。
もはやこの課題を先送りすることはできません。国際社会がいま一歩大きく踏み出すことを、心から願うものです。

「国連会議」への志位和夫委員長の要請文

広島、長崎の実相を語り続けてきた被爆者の訴え、核兵器の非人道性を追及する一連の国際会議の開催などを通じて、核兵器が人類と決して共存しえない非人道的で残虐な兵器であることは、いまや誰の目にも明らかとなっています。

以上をふまえて、私は、「国連会議」に参加したすべての政府と市民社会の代表に、つぎの要請をおこないます。

核保有国の参加を追求しつつ、かりに最初は核保有国の参加が得られなかったとしても、賛成する諸国の政府によって核兵器禁止条約――核兵器を禁止する法的拘束力のある協定を早期に締結すること。今回の「国連会議」で、核兵器禁止条約の早期締結にむけた国際的合意を達成すること。

国連加盟国の大多数の賛成で核兵器禁止条約が締結されれば、核兵器は人類史上初めて「違法化」され、あらゆる兵器のなかで最も残虐なこの兵器に「悪の烙印」をおすことになります。そのことによって、核保有国は、法的拘束は受けなくても、政治的・道義的拘束を受けることになるでしょう。それが、核兵器全面廃絶への決定的な突破口になることは疑いありません。

もはやこの課題を先送りすることはできません。国際社会がいま一歩大きく踏み出すことを、心から願うものです。

（「しんぶん赤旗」２０１７年３月26日付）

日本共産党の志位和夫委員長が２０１７年３月27日、国連に提出した「どのようにして『核兵器のない世界』を実現するか――『国連会議』への文書発言」の全文は以下の通り。

どのようにして「核兵器のない世界」を実現するか

――「国連会議」への文書発言

２０１７年３月27日
核軍縮・不拡散議員連盟（ＰＮＮＤ）・
日本国衆議院議員
日本共産党幹部会委員長
志位　和夫

親愛なる議長。

参加された政府代表および市民社会の代表のみなさん。

私は、「核軍縮・不拡散議員連盟」（ＰＮＮＤ）の一員として、また、日本共産党を代表して発言します。

「核兵器禁止条約の国連会議」の開催を心から歓迎する

私たち日本共産党は、今年で党創立95年を迎える政党ですが、広島と長崎への原爆投下による言語を絶する惨禍を体験した唯一の戦争被爆国において、戦後一貫して日本国民とともに核兵器廃絶を求め続けてきました。

とりわけ、この間、わが国の被爆者、反核平和運動、そして日本共産党が強く求めてきたのは、「核兵器禁止条約の国際交渉をすみやかに開始すること」でした。わが党は、2010年、2015年のNPT（核不拡散条約）再検討会議において、また、アジアのすべての合法政党に開かれたフォーラムであるICAPP（アジア政党国際会議）において、この要求を掲げて力をつくしてきました。

そうした政党として、昨年12月23日の国連総会が、加盟国の圧倒的多数の賛成で、「核兵器全面廃絶につながる、核兵器を禁止する法的拘束力のある協定について交渉する国連会議」の開催を決定したことを心から歓迎するものです。

「核兵器のない世界」を達成し維持するための法的措置――二つのアプローチ

政府代表および市民社会の代表のみなさん。

「核兵器のない世界」を達成し維持するための法的措置として、どのようなアプローチが最も現実的、効果的でしょうか。

国連加盟国の多数の諸国の支持を得ているアプローチとしては、次の二つのアプローチがあげられます。

第1のアプローチは、「核兵器を禁止する法的拘束力のある文書」（核兵器禁止条約）です。この条約は、核兵器の一般的禁止と義務、核兵器のない世界の達成と維持に対する政治的な誓約を確立するものです。この条約が含みうる要素としては、①核兵器の取得、保有、配備、備蓄、開発、実験、生産の禁止、②核兵器の使用および使用の威嚇《いかく》の禁止、③国家の領土における核兵器持ち込みの禁止などがあげられます。

この条約は、核兵器の廃棄に関する措置を含まず、将来的な交渉課題として残しています。その意味で、この条約は、核兵器全面廃絶にむけた中間的条約といえます。それは、核保有国の参加がなくても交渉と締結が可能とされています。

第2のアプローチは、「包括的な核兵器禁止条約」です。この条約には、核兵器の一般的禁止と義務とともに、特定の時間枠のなかでの核兵器廃絶のための段階的計画が含まれています。それは禁止と廃絶という二つの要素によって構成され、この二つの要素を一つの条約で一挙に達成しようというものです。

この条約はその意味で文字通り「包括的」なものですが、同時に、核保有国の参加がなくては、核兵器廃棄のための詳細な条項を交渉することは技術的に困難であるとされています。それは核保有国の参加をもって初めて効果的になりうるとされています。

第1のアプローチと第2のアプローチは、もちろん互いに相いれないものではなく、どちらも「核兵器全面廃絶」という同じ目的の達成をめざすものです。それは、「包括的な核兵器禁止条約」を支持する諸国の多くが、「核兵器を禁止する法的拘束力のある文書」（核兵器禁止条約）についても支持していることに示されています。

核保有国の参加を追求しつつ、参加が得られなくても賛成する諸国で禁止条約締結を

政府代表および市民社会の代表のみなさん。

私たち日本共産党は、二つのアプローチのどちらに対しても強く支持するものです。

同時に、今回の「国連会議」では、第1のアプローチ――「核兵器を禁止する法的拘束力のある文書」（核兵器禁止条約）の早期締結にむけた国際的合意を達成することが、最も現実的かつ効果的だと考えます。

その最大の理由は、核兵器保有大国（P5）の態度にあります。核兵器保有大国は、2000年のNPT再検討会議で「自国核兵器の完全廃絶を達成するというすべての核保有国の明確な約束」に合意しました。2010年のNPT再検討会議では「核兵器のない世界を達成し維持するために必要な枠組みを確立するための特別な取り組みをおこなう」ことに合意しました。ところが、これらの国際社会への誓約を実行するどころか、「段階的アプローチ」の名で核兵器廃絶を永久に先送りし、自国の核軍備を近代化・強化するという態度をとっています。

私は、核兵器保有大国にこうした態度をあらため、国際社会への誓約を誠実に実行することを強く求めます。同時に、私たちは、彼らの態度が変化するまで待つべきでしょうか。もはやこれ以上待つわけにはいかないのではないでしょうか。

以上を踏まえて、私たち日本共産党は、今回の「国連会議」に対して、次の要請をおこないます。

核保有国の参加を追求しつつ、かりに最初は核保有国の参加が得られなかったとしても、賛成する諸国の政府によって核兵器禁止条約――核兵器を禁止する法的拘束力のある協定を早期に締結すること。今回の「国連会議」で、核兵器禁止条約の早期締結にむけた国際的合意を達成すること。

核保有国の参加を追求しつつ、参加が得られなくてもこれ以上待つことはしない、賛成する諸国の政府によって核兵器禁止条約――核兵器を禁止する法的拘束力のある協定の締結へと一歩大きく踏み出す。これが現在の国際的な政治状況のもとでただちに追求できる唯一の方策であり、最も現実的で効果的な方策ではないでしょうか。

核保有大国からは、「そのような条約をつくっても核兵器の削減に結びつかない。意味がない」との声が聞こえてきます。

そんなことは決してありません。国連加盟国の大多数の賛成で核兵器禁止条約が締結されれば、核兵器は人類史上初めて「違法化」され、あらゆる兵器のなかで最も残虐なこの兵器に「悪の烙印」を押すことになります。そのことによって、核保有大国は、法的拘束は受けなくても、政治的・道義的拘束を受けることになるでしょう。核兵器に「悪の烙印」が押されれば、それを保有し、使用しようとする国にも「悪の烙印」が押されることになるからです。さらに、核兵器禁止条約は、そこに盛り込まれた諸措置によって、核保有大国の核戦略を軍事的

に拘束し、破たんさせる可能性をもっています。だからこそ核保有大国は、核兵器禁止条約の国際交渉の動きに対して、危機感を燃やし、結束して反対しているのです。

いま核兵器禁止条約の締結へと踏み切ることは、核兵器全面廃絶への決定的な突破口となることは疑いありません。核兵器禁止条約の力と、世界の反核平和運動の力――この二つの力をあわせることで、核保有大国の変化を促し、このプロセスに参加させ、核兵器の全面廃絶に道を開く。私は、ここにこそ「核兵器のない世界」への大道があると確信するものです。

そのさい、核保有大国とその「核の傘」のもとにある国ぐにで、核兵器禁止条約を求める声を国民多数の声とし、政治の変革をつくりだすことが、決定的なカギとなっていることを、私は強調したいと思います。

今回の「国連会議」では、核兵器禁止条約の早期締結にむけた国際的合意を達成することが何よりも大切であり、私たちはそれを重ねて強く要請するものです。

日本政府は、被爆国政府として、核兵器禁止条約に賛成の態度をとるべき

政府代表および市民社会の代表のみなさん。

私たちがたいへん残念に思うのは、唯一の戦争被爆国である日本政府が、核兵器禁止条約の国際交渉に反対し、この「国連会議」の開催に反対するという態度をとっていることです。

日本政府は、「核兵器全面廃絶につながる、核兵器を禁止する法的拘束力のある協定について交渉する国連会議」の開催を決定した国連総会の決議に反対した理由として、この決議が、「具体的・実践的措置を積み重ね、『核兵器のない世界』を目指すというわが国の基本的立場に合致していない」とのべています。しかし、核軍縮のあれこれの部分的措置を積み重ねれば、いずれは「核兵器のない世界」が訪れるという「段階的アプローチ」がなりたたないことは、第2次世界大戦後の核兵器に関するすべての外交交渉の結果が示しているではありませんか。

さらに、日本政府は、国連決議に反対した理由として、この決議が、「核兵器国と非核兵器国の間の対立を助長する」とのべ、「核兵器国と非核兵器国の協力を重視する」と表明しています。しかし、「協力」を重視するといいながら、日本政府のとっている立場は、核保有大国の側に身を置き、核保有大国が核兵器廃絶を永久に先送りするためにとなえている「段階的アプローチ」をおうむ返しにくりかえし、核保有大国への「協力」を一方的に求めるものにすぎません。国連加盟国の圧倒的多数の諸国が求めている核兵器禁止条約に、核保有大国の協力を迫ることこそ、被爆国政府のなすべきことだと考えます。

私たち日本共産党は、日本の反核平和運動とともに、日本政府に対して、こうした態度をあらため、核兵器禁止条約に賛成の態度をとることを強く求めていることを、参加されたみなさんにお伝えするものです。

（「しんぶん赤旗」２０１７年3月29日付）

日本共産党の志位和夫委員長が２０１７年3月29日、「核兵器禁止条約の国連会議」で行った演説は以下の通りです。

「核兵器禁止条約の国連会議」
志位委員長の演説全文

親愛なる議長。

日本の国会議員で日本共産党委員長の志位和夫です。「核軍縮・不拡散議員連盟（ＰＮＮＤ）」に所属しています。

日本政府が、この議場にいないことはたいへんに残念なことです。しかし、被爆者の方々と日本国民の大多数がこの「国連会議」を強く支持していることは明らかです。

核兵器禁止条約の交渉についていえば、核兵器に依存する国ぐに（核兵器保有国と「核の傘」のもとにある国）の参加が求められることはいうまでもありません。

しかし、仮に、最初はそれらの国ぐにの参加が得られなかったとしても、賛成する圧倒的多数の国ぐにによって核兵器禁止条約が締結されるならば、核兵器の使用と威かくは違法化され、核兵器の保有には悪の烙印が押されることになります。

核兵器禁止条約の締結は、市民社会の組織の力と合わさることによって、核兵器に依存する国ぐにに対して、政策を変え、核兵器の完全廃絶への取り組みに加わるよう迫るものとなります。

私は、この「国連会議」が大成功することを強く願っています。被爆者の方々もまさしく同じ思いでしょう。

ご清聴ありがとうございました。

（「しんぶん赤旗」２０１７年3月31日付）

「核兵器禁止条約の国連会議」 志位委員長の演説全文（英文）

Madam President,
I am Kazuo Shii, a member of parliament from Japan,
Chair of the Japanese Communist Party
and a member of PNND.

It is regrettable that the Japanese government is absent from this hall. But Hibakusha and the majority of Japanese people strongly support this conference.

Regarding negotiations for a ban treaty, the participation of nuclear reliant states would be preferable.
However, even if they don't join the process to begin with, a ban treaty concluded by the overwhelming majority of nations could codify the illegality of nuclear weapons threat and use, and further stigmatize their possession.

The resulting ban treaty, combined with global action by civil society organizations, will encourage nuclear reliant states to change their policies, and to participate in the process leading to the total elimination of nuclear weapons.

I emphasize my strong hope that this Conference will be a great success. The Hibakusha deserve no less.

Thank you very much.

核兵器禁止条約の早期締結を

日本共産党代表団が行った懇談と要請

志位和夫委員長を団長とする日本共産党代表団は、2017年3月27日から31日までニューヨークの国連本部で開催された「核兵器全面廃絶につながる、核兵器を禁止する法的拘束力のある協定について交渉する国連会議」に、「核軍縮・不拡散議員連盟（PNND）」の一員として公式に参加し、要請文の提出、演説、文書発言を行うとともに、参加した各国政府と個別に懇談・要請を行いました。

志位委員長が要請文で行った提起の中心点は、次の通りです。

「核保有国の参加を追求しつつ、かりに最初は核保有国の参加が得られなかったとしても、賛成する諸国の政府によって核兵器禁止条約——核兵器を禁止する法的拘束力のある協定を早期に締結すること。今回の『国連会議』で、核兵器禁止条約の早期締結にむけた国際的合意を達成すること」

党代表団は、要請文を手に、会議が始まる前の3月23日から最後まで精力的に活動し、38の国・機関と懇談を行いました。懇談で各国から寄せられた発言を紹介します。

（地域別・五十音順）

アジア・太平洋

インドネシア

この会議はまだ続きます。禁止条約の作成にはまだ長い時間が必要です。核兵器保有国を巻き込む必要もあります。われわれは長期的な楽観主義の立場で活動します。

カザフスタン

エルホルト・センバエフ無任所大使

（要請文と）私たちは同じ立場です。私たちは（旧ソ連の）セミパラチンスク核実験場の経験があります。核兵器がどんな影響を与えるかよく知っています。

懇談・要請をした38の国・機関

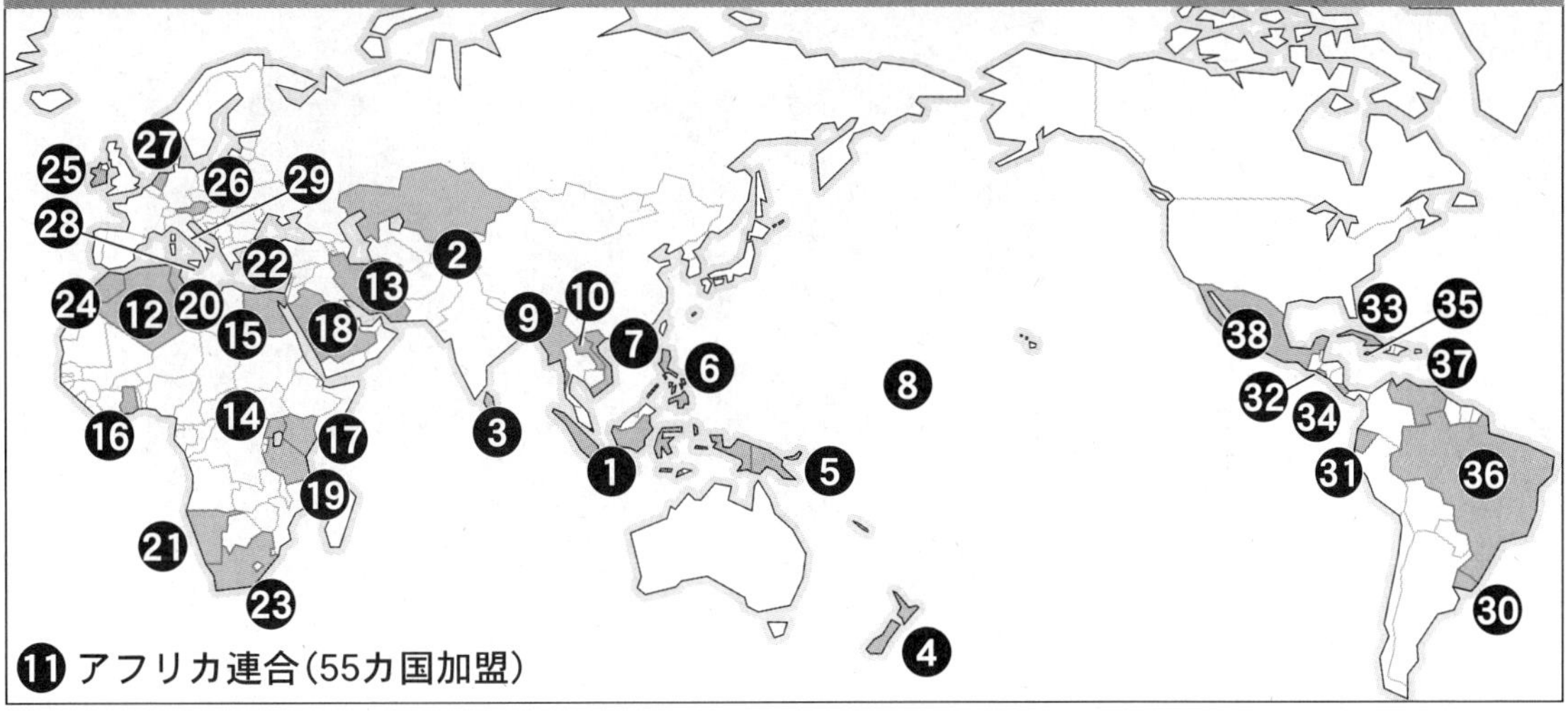

【アジア・太平洋】
❶インドネシア、❷カザフスタン、❸スリランカ、❹ニュージーランド、❺パプアニューギニア、❻フィリピン、❼ベトナム、❽マーシャル諸島、❾ミャンマー、❿ラオス
【中東・アフリカ】
⓫アフリカ連合（ＡＵ）、⓬アルジェリア、⓭イラン、⓮ウガンダ、⓯エジプト、⓰ガーナ、⓱ケニア、⓲サウジアラビア、⓳タンザニア、⓴チュニジア、㉑ナミビア、㉒パレスチナ、㉓南アフリカ、㉔モロッコ
【ヨーロッパ】
㉕アイルランド、㉖オーストリア、㉗オランダ、㉘マルタ、㉙ローマ法王庁（バチカン市国）
【中南米・カリブ海】
㉚ウルグアイ、㉛エクアドル、㉜エルサルバドル、㉝キューバ、㉞コスタリカ、㉟ジャマイカ、㊱ブラジル、㊲ベネズエラ、㊳メキシコ

（禁止条約で核兵器に悪の烙印を押すという指摘に）完全に同意します。今後、核兵器保有国を巻き込んでいかないと核兵器は廃絶できません。ジュネーブ軍縮会議の再活性化も必要でしょう。（禁止条約と世界の世論で核兵器を廃絶するという指摘に）全く同感です。この会議も政府とともにＮＧＯが構成員になっています。

スリランカ

アムリス・ロハン・ペレラ国連大使

要請文のメッセージに賛成です。核兵器保有国がすぐに参加しなくても、まず枠組みをつくるというのは、私たちの立場と同じです。これから長いプロセスが必要です。そのためには、市民社会の役割がたいへん大事です。共同していきましょう。

ニュージーランド

デル・ヒッギー軍縮大使

日本政府が来ていないなかで、日本の市民の声を届けてくれたことに感謝します。

カザフスタンのセンバエフ無任所大使（右）と懇談する志位委員長（中央）＝２０１７年３月29日、ニューヨーク（遠藤誠二撮影）

フィリピン（ＡＳＥＡＮ議長国）

バヤニ・メルカド外務省国連国際組織次官補

（要請文について）私たちと、またＡＳＥＡＮ（東南アジア諸国連合）と共通した立場だと思います。しかし困難もあります。核保有国を巻き込まなければなりません。（禁止条約で核兵器に悪の烙印を押すという指摘に）その通りです。生物・化学兵器などもそうして廃棄に向かいました。

ベトナムのグエン・フオン・ガー国連大使（右）と会談し握手する志位委員長＝２０１７年３月23日、ニューヨーク市内（遠藤誠二撮影）

ベトナム

グエン・フオン・ガー国連大使

核兵器禁止条約を重要な一歩とし、完全廃絶に向かうという立場を共有します。（要請文は）とても役にたつものです。長いプロセスとなるでしょうが、高貴な目的のために緊密な協力に努力していきたいと思います。

マーシャル諸島

国連代表部参事官

わが国は、67回の南太平洋上での核実験によって被災しています。日本とは共通の被爆の経験があります。日本は核兵器廃絶を世界にアピールする強いポジションをもっています。日本から多くの非政府組織（ＮＧＯ）が参加して訴えていることは励ましです。先ほどの（志位委員長の）演説で多くの日本国民がこの会議を歓迎していると聞きました。この要請文にある内容で活動している政党に感謝します。

マーシャル諸島が行った「核保有国９カ国の核兵器保有は違法」との国際司法裁判所（ＩＣＪ）への提訴は、棄却されましたが、私たちの訴えに連帯を示してくれて感謝します。私たちはあきらめません。核兵器の惨害を知っている国民とともに、日本国民とともにがんばっていきたいと思っています。

ミャンマー

イ・ガムラ公使

今回の会議はよい出発となっています。これから具体的な議論になっていくでしょうが、ともかくスタートは好調です。

ラオス

ヒアン・ファンスリボン国連大使

私たちは戦争の惨禍を体験しています。今の核兵器の破壊力は巨大であり、平和と発展のために、核兵器禁止条約へのプロセスを支持します。要請文は啓発的なものです。

中東・アフリカ

アフリカ連合（ＡＵ）

（要請文について）ここに書かれていることは、私たちの立場と同じ線です。こうした活動を進めていることはとても良いことです。私たちへの激励でもあります。１９９６年にアフリカ非核地帯条約（ペリンダバ条約）ができたときに、アフリカ原子力委員会が設置され、そのもとで、熱心に核兵器廃絶を取り組んできました。今後も力を合わせたい。こうした専門的な内容についても、今後、話し合いをする機会が持てたらうれしいと思います。

アルジェリア

参事官

この要請文の立場は、アルジェリアはもちろん、会議のほとんどの参加国と共有するものだと思います。核兵器問題は、平和と安全保障の課題で、世界の中でも第一の重要性を持っています。これまで、世界は、化学兵器、生物兵器を禁止してきた経験をもっています。だから、核兵器も禁止しなければなりません。海洋法を締結するときも、長く困難な交渉をして締結にいたりました。この条約化はそれよりも困難かもしれないけれども、必ず禁止し、そして廃絶するために新しい時代がいま始まっています。

イラン

核兵器の完全廃絶が大事です。そのためには、包括的核兵器廃絶条約がベストと考えています。禁止条約は、その一歩として重要です。

ウガンダ

シルバー・カエンブ国連代表部軍事顧問

要請文は、重要な指摘をしています。（要請文の太字の部分について）この点がまさにエッセンスです。なぜ日本政府はこの場に来ないのでしょうか。こうして国会議員は来ているのに。残念です。

エジプト

タミン・カラフ外務省軍縮局参事官

この要請文は、まさにわれわれの立場

国連本部で核兵器禁止条約の交渉に臨む外交官ら＝2017年３月28日、ニューヨーク（島田峰隆撮影）

と同じです。われわれは核不拡散条約（ＮＰＴ）再検討会議で、第6条にある核兵器国の義務を果たせと要求し、核兵器国がみずから実行する日をさんざん待ちました。しかし事態は好転せず、むしろ悪化しています。同時に、多少歴史的にみれば、私たちは楽観的で励まされる情勢のなかにいると思います。それは、これだけ多くの政府が核兵器をなくす協定をどう結実させるかを議論する、そんな時がいま来ているのですから。この会議は、市民社会の働きなしには、成功をみることはできません。ＮＧＯが貢献となっていることを高く評価します。今後も連携しましょう。

ガーナ

マーサ・ポビー国連大使

（志位委員長の演説は）良いステートメントでした。私たちは禁止条約の早期締結を望んでおり、あなた方のこうした積極的なイニシアチブは会議への重要な貢献です。日本から多くのＮＧＯが参加しており、その中にあなたがたのような立場をとる政党があることは、とても良いことだと思います。

サウジアラビア

核兵器の廃絶は今日の世界でますます重要になっています。核保有国の核は非核保有国に対する脅威となっており、この会議の任務を実現することは喫緊の課題です。日本は被爆国であるので、みなさんの訴え（要請文）にはインパクトがあります。こうした活動を歓迎します。

タンザニア

国連代表部参事官

この国連会議は非常に重要で、新しい踏み出しをしています。核兵器禁止の条約化の活動は新しい次元、局面を迎えています。先ほどの政府代表の発言の中で市民社会の提起から刺激を受けたと述べていたように、あなたがたの活動は会議への貢献となっています。（要請文の）提起を高く評価します。

チュニジア

モエツ・ラウアニ国連代表部参事官

（在日大使館勤務時代に、日本共産党の大会を傍聴したことがあるとのべたあと）チュニジアはアフリカ連合、アラブ連盟、非同盟の核兵器問題の立場を共有しているけれども、核兵器廃絶をいかにすすめるかという新しい段階に立って、政策の具体化をすすめているところです。（要請文について）日本共産党が核問題でこれだけシャープな問題提起をして、この会議で訴えていることに感銘を受けます。この要請文はよく研究していきたいと思います。

パレスチナ

リヤド・マンスール国連大使

中東非核地帯をめざす取り組みなど、

会議場の入り口に置かれた志位委員長の要請文（左列の左から2つ目）などNGOの声明や資料＝2017年3月28日、ニューヨーク（田川実撮影）

核兵器廃絶に一貫して努力してきました。要請文の立場に賛成します。

南アフリカ

ジェリー・M・マツィーラ国連大使

（アフリカ民族会議〈ANC〉の日本駐在代表のさいに、毎年、広島、長崎に行ったことに触れながら）核兵器保有国が参加しなくても、この会議を先延ばしにするわけにはいきません。彼らは抑止力をとなえますが、化学兵器禁止条約に賛成しながら、なぜ核兵器廃絶に反対するのか納得できません。（禁止条約を採択すれば核兵器を違法化でき、悪の烙印をおすことになるという指摘に）その通りです。それが一番重要です。

モロッコ

オマール・ヒラレ国連大使

核兵器廃絶の国際条約化をなしとげるためには、圧倒的に国際世論の役割が求められています。市民社会の活動は、国連会議に大事な提起と刺激を与えています。あなたがたの提起（要請文）と世界に働きかける活動は大きな意義を持っています。感謝します。

ヨーロッパ

アイルランド

ヘレナ・ノーラン外務省軍縮不拡散局長

（要請文は）私たちのアプローチと全く一緒です。広島、長崎の経験がこの会議を開催に導きました。核兵器禁止の問題は、道徳的と同時に、法的にも取り組む義務があります。アイルランドでは全政党、国民が禁止条約を支持しています。日本からこの会議に国会議員が来てくれ、うれしく思います。引き続き参加を期待します。

オーストリア

トーマス・ハイノッチ軍縮大使

（要請文は）たいへん良いものです。

アイルランドのノーラン外務省軍縮不拡散局長（左から2人目）と懇談する志位委員長（その右）＝2017年3月29日、ニューヨーク（遠藤誠二撮影）

この会議の目的を支持していただき感謝します。日本でも多くの人に訴えて支持を広げていただくよう希望します。オーストリアでは核兵器廃絶はすべての政党が支持し、憲法でも核兵器禁止をうたっています。今度の会議は最初の一歩です。今後、一つ一つ具体的措置を積み上げていきます。化学兵器や生物兵器では禁止条約を実現しました。核兵器でできないことはありません。核保有国は核兵器禁止条約に意味はないといいます。では、なぜあれほど反対と騒ぐのか。条約に大きな意味があるからでしょう。

オランダ

（ＮＡＴＯ加盟国で唯一、国連会議の開催に反対でなく棄権を表明）

核兵器の禁止、廃絶という目標は共有します。しかし検証手段や核保有の参加などの点で異論があります。この会議への参加について、友好国と協議はしましたが、自ら決めました。

ローマ法王庁（バチカン市国）

国連代表部・サイモン・カサス神父

会議での（志位委員長の）演説に感謝します。要請文の立場は、理性的なもので、よく理解できます。（まず禁止条約で一歩を踏み出すという指摘に）その通りですね。

中南米・カリブ海

ウルグアイ

政府と政党、市民社会は相互的なものです。大事なことは、ともに協力して声を大きくしなければ、条約は達成されないと思います。この要請文には、われわれがとりくんでいることが書かれています。その点で感銘をうけます。

エクアドル

オラシオ・ボージャ国連大使

われわれは、1月の中南米カリブ海諸国共同体（ＣＥＬＡＣ）首脳会議でこの会議の支持を表明し、この会議の成功に全力を尽くしているところです。要請文にはとても大事なポイントを突いています。こうした声をあげてほしいと願っています。

エルサルバドル
（CELAC議長国）

ルーベン・イグナシオ・サモラ国連大使

CELACの国々は小さいが、一緒になれば力は何倍にもなります。最大の核保有国は反対するでしょう。いろんな国からの圧力もあります。しかし立ち止まることはできません。100、130、160と各国が禁止条約に署名すれば、残りはわずかの国となります。核兵器に悪の烙印を押す、保有は誤りで恥ずかしいと思わせることは、すべての平和、市民団体の戦術です。友人のあなた方がいることはうれしい。私たちは勝利します。

キューバのアナヤンシ・ロドリゲス・カメホ国連大使（右端）と会談する志位委員長（その左）、笠井政策委員会責任者（左端）＝2017年3月23日、ニューヨーク市内（遠藤誠二撮影）

キューバ

アナヤンシ・ロドリゲス・カメホ国連大使

要請文の考え方を共有します。核保有国が参加するのがベターですが、たとえ参加しなくても禁止条約をつくることは意義があり、国際社会に重要なメッセージを送ることになります。非同盟国は多様です。「包括的」禁止条約という主張もありますが、禁止条約でまず一歩をというのが多数でしょう。私たちは、全面核廃絶への一歩という明確な規定が含まれた禁止条約であれば賛成します。（禁止条約と世界の世論の力で核兵器全面廃絶に進むという考え方に）全面的に同意します。この要請文は同僚（の大使）に届けたい。この問題で日本共産党と協力していきたい。

コスタリカ

ファアン・カルロス・メンドーサ・ガルシア国連大使

（要請文について）今回は、歴史的なステップを踏み出す会議であり、目的達成のための必要な戦略、戦術をとる、そうした意見を共有できるものです。核兵器禁止条約を締結することは、核兵器保有国に対して、大きな手段を持つことになります。それによって、国際社会は政治的・道義的かつ法的基盤を持って、核兵器廃絶にいたる交渉に参加することを要求できることになります。日本の人々の気持ちを伝えてくれてありがとうございます。

ブラジル

マウロ・ビエリラ国連大使

（要請文について）これはまさにわれわれの立場です。（禁止条約で）核兵器に悪の烙印を押し、核兵器に依存する国々を不安にさせ、積極的に圧力をかけていくことが必要です。核兵器に依存する国々の政府の安全保障観と、それらの国の市民のそれは違います。日本の市民社会は大切な役割を果たしています。

ベネズエラ（非同盟運動議長国）

ラファエル・ラミレス国連大使

非同盟諸国は結束してこの会議の成功にむけ働きかけます。核兵器保有国に義務を課すような結論に持っていくことが大事、その立場で取り組みます。条約の早期実現のために努力します。この会議でのあなた方の姿勢、日本の被爆者がいかにひどい被害をこうむったか、思いをはせたい。核兵器は、人道的な見地から絶対に許されないものです。それを支持するどのような道理もありません。市民が世界各地で（核兵器廃絶の）運動を起こすことが大切です。

メキシコ

ミゲル・ルイスカバーニャス外務副大臣

（要請文の太字の部分を自ら読み上げて）ここの太字の部分、まったく同感です。「できるだけ早く」という部分も考えが一緒です。残念ながら一部の国が会議の外にいます。しかし、それらの国も将来参加することもあるでしょう。多くの国がこの条約に調印すれば、地域と世界の平和に寄与します。簡潔で、目的が明確な条約を、できるだけ早くつくりたいと考えます。先に条約を採択し、いつ加盟するかは各国が決めればいいでしょう。交渉プロセスは開かれたものです。市民社会が参加し、それが各国に影響を与えています。

議員・ＮＧＯ

イギリス

ファビアン・ハミルトン下院議員（労働党・影の内閣・平和軍縮大臣）

被爆者の初日の演説に感動しました。彼の訴えは、私がここにいる理由でもあります。次の総選挙（２０２０年）で勝利し、禁止条約に署名したいと考えます。

カナダ

リンダ・ダンカン議員（ＰＮＮＤカナダ）

カナダ政府がこの会議をボイコットしたことは、多くの国民に衝撃を与えました。だから、私は参加しようと考えました。ここで話し合ったことを帰国してからの活動に生かしたいと思います。

国際ＮＧＯ

「核兵器廃絶国際キャンペーン」（ＩＣＡＮ）**ベアトリス・フィン事務局長**

志位委員長が参加されたことに感謝します。この要請文はたいへん役立つものです。核保有国は今回の会議に参加しませんが、会議を注視しています。彼らは追いつめられているのです。国会議員の参加は大事です。流れを変える役目を果たすことができます。

（「しんぶん赤旗」２０１７年4月3日付）